Gerencia editorial: Gabriel Brandariz
Coordinación editorial: Carla Balzaretti
Coordinación gráfica: Lara Peces

Impresores, 2
Parque Empresarial Prado del Espino
28660 Boadilla del Monte (Madrid)
www.grupo-sm.com

ATENCIÓN AL CLIENTE
Tel.: 902 12 13 23/ 912 080 403
e-mail: clientes@grupo-sm.com

ISBN: 978-84-675-9088-3
Depósito legal: M-26552-2016

Impreso en la UE / *Printed in EU*

CUENTOS DE MIEDO

LAS AVENTURAS DE LA FAMILIA VAMPIRIA

CARMEN GIL

Aquella noche, la familia Vampiria andaba muy ocupada. Papá Vladimir llenaba de polvo los muebles. Mamá Larisa preparaba litros de sangre fresquita. El abuelo Kolya perfumaba el salón con agua de pantano infecto.

Katya iba de aquí para allá
colgando telarañas de las lámparas.
Hasta Tristán, un murciélago
con penacho plateado,
había dejado de comer caramelos
de regaliz para poner un CD
de aullidos, suspiros y quejidos.

El único que no movía un dedo era Vasili,
que dormía plácidamente en su pequeño ataúd.
Bueno, a veces lanzaba berridos terribles
y papá le canturreaba una nana.

Duerme, vampiro pequeño,
que papá vela tu sueño.

Después de tanto ajetreo,
sueña con noches oscuras,
y un murciélago muy feo
volando por las alturas.

Sigue, rorro, mis consejos:
cuando se enciendan las luces,
no pienses nunca en espejos,
tampoco en ajos ni en cruces.

Katya estaba nerviosa. Faltaba poco para que Boris llegara de Transilvania. La verdad es que solo lo había visto en una foto, pero... ¡era tan guapo! Tristán no dejaba de refunfuñar:

—El castillo entero patas arriba para recibir a un vampiro pelitieso.

—No te enfades, murciélago pelusón
—lo consoló Katya—. Boris es el hijo
de la mejor amiga de mi madre,
y viene a pasar unos días con nosotros.
Además, como mañana es Halloween,
vamos a dar una fiesta.

—¡Una fiesta de Halloween! Con lo que cuesta prepararla —protestó Tristán. Entre refunfuñar, enviar invitaciones, hacer cadenetas moradas, preparar canapés de lagartija y dejar el castillo polvoriento, las horas pasaron volando.

Y volando también apareció, en el horizonte, un vampiro larguirucho y granujiento que cantaba a ritmo de rap.

—Hola, soy Bo... Boris —dijo el chico.

Al vampiro se le solía hacer un lío la lengua cuando estaba nervioso.

Todos corrieron a recibirlo. Todos menos Katya, que se había quedado paralizada en un rincón.

—Vamos, hija, ven a darle un beso.

¡Un beso! La vampira notó que el pulso se le aceleraba, las manos le sudaban, la vista se le nublaba...

Temblando más que un flan de gelatina,
posó los labios en la mejilla del vampiro.
¡Y sintió que su piel paliducha
se ponía de color remolacha!
Afortunadamente, en cuanto Boris sacó
de su mochila una caja de bombones rellenos
de lamentos, todos se olvidaron de Katia.

—Es hora de dormir —avisó papá Vladimir cuando el primer rayo de sol se coló por la ventana.

En menos que grazna un cuervo, estaban todos metidos en sus ataúdes, durmiendo a pierna suelta.

Varias horas de ronquidos después,
la luna empezó a brillar en el cielo.
—¿Cómo has dormido? —preguntó Katya a Boris.
—De maravilla —contestó el chaval.
"Ay —suspiró Katya—, nunca había visto
unos colmillos tan bonitos".

Tras un suculento desayuno a base de batidos púrpura, la familia Vampiria se dispuso a ultimar los detalles de la fiesta de Halloween y a recibir a los invitados.

El primero en llegar fue el fantasma Fantasmón, que estaba un poco contrariado. La sábana le había encogido al lavarla con agua caliente ¡y ahora tenía que asustar en minifalda!

—¡Aaaaauuuuuuh! —saludó.

Después le tocó el turno a la bruja Edelmira.

Como acababa de sacarse el carné de conducir escobas, por el camino le había hecho un agujero a la Luna.

—¡Con lo bien que se viaja en brujimetro! —mascculló.

El monstruo de tres cabezas tampoco faltó a la cita, a pesar de que tenía un terrible resfriado y estornudaba por tres narices.

—¡Achís! ¡Achís! ¡Achís!

A continuación se presentaron la momia, el hombre lobo, Frankenstein y hasta la bruja Tormento, que era famosa por sus espeluznantes pociones y por ser la mejor bailarina de la comarca.

En cuanto escuchaba música, ponía su cuerpo en movimiento, desde la coronilla hasta la punta del dedo gordo del pie.

—Este pastelito de rabos de ratones está exquisito —se relamía el Monstruo del Armario.

La bruja Nariguda susurraba al oído de una amiga:

—¿Te has fijado en Otilia? Acaba de cumplir trescientos años y no tiene arrugas ni verrugas. ¡Qué horror! Con lo que favorecen.

—¡Menuda fiesta tan aburrida! —gruñó Tristán.

El murciélago sentía que Katya solo tenía ojos para Boris. Y razón no le faltaba. El pobre llevaba un buen rato desaparecido y la vampira ni siquiera lo había echado de menos.

Al terminar la fiesta, la chica se dio cuenta
por fin de su ausencia.
—¿Dónde se habrá metido? Lo llamaré al móvil.
Cuando Katia marcó el número, la "Marcha Fúnebre"
de Chopin empezó a sonar en el salón.
La vampira se dirigió hacia ella y, bajo el sofá,
encontró el móvil de Tristán.

—Algo le ha pasado —repetía Katia una y otra vez,
dando vueltas alrededor de la mesa.

—Quédate quieta, que me mareas.
¡Pareces una peonza! —se quejó Boris.

Juntos registraron el castillo, sin dejarse
una armadura ni un arcón. Y de repente,
en el jardín...

—Boris, he encontrado algo.
Sobre la arena del camino había una hilera de envoltorios de caramelos de regaliz.
—Son de Tristán, estoy segura.
Siguiendo su rastro, atravesaron un bosque más negro que el suspiro de una chimenea.

Oyeron crujidos de ramas, vieron sombras fantasmales... Pero no había nada que asustara a Katya, que era muy valiente. No podía decirse lo mismo de Boris.

—¿Y si volvemos a ca... ca... sa?

—Ni hablar. Tengo que encontrar a Tristán.

Vuela que te volarás, llegaron a una tétrica mansión con un cartel que decía: "Bruja Tormento. Se preparan pócimas, ungüentos y filtros de amor por un módico precio".

—Yo no pi... pipienso entrar.

—Tú me acompañas, como que me llamo Katya.

Arrastrando a su compañero por la capa, la vampira se acercó a la ventana. Dentro vio a la bruja hablando con un pájaro negro que tenía en una jaula. ¿Un pájaro? ¡No! ¡¡¡Era Tristán!!!

—Con tres pelos de tu penacho de plata, haré la poción más terrible que una bruja haya preparado jamás. ¡Convertiré a los niños en champiñones! Así serán aplastados por las botas de los excursionistas despistados y se convertirán en ingredientes de pizzas margarita.

—Tenemos que salvarlo —dijo Katya.

—Yo... yo sé cómo —dijo Boris, y se puso a cantar a ritmo de rap.

Aunque la noche es bonita,
bebe sangre con pajita
en su ataúd y suspira.
¡Qué triste está la vampira!

¡Todo le sale al revés!
Se enamoró ya hace un mes
de un vampiro en el camino
y ahora vuela haciendo el pino.

Ya los dos se hacen tilín.
Serán felices por fin
—más que un ratón con un queso—
en cuanto se den un beso.

Nada más oír el sonsonete, la bruja cerró los ojos y empezó a mover todo el cuerpo, desde la coronilla hasta la punta del dedo gordo del pie. Katya aprovechó para colarse por la ventana y abrir la jaula.

—Ven a mis brazos, murciélago bonito.

El reencuentro fue tan tierno que a Boris le resbalaron dos gruesos lagrimones por las mejillas. Sin dar tiempo a Tormento a reaccionar, los tres se quitaron de en medio.

Al llegar al castillo, vieron a papá Vladimir acunando a Vasili, a mamá Larisa alimentando a las ratas y al abuelo Kolya manchando de hollín las cortinas. Estaban tan ocupados que no se habían dado cuenta de su ausencia.

—Es mejor no contarles nada —sugirió Katya—. ¿Para qué preocuparlos?

A la luz de un tímido rayo de luna,
Katya y Boris se sentaron en un banco de piedra.
—Ha sido la noche más emocionante de mi vida.
No voy a olvidarte nunca —dijo Boris
sin tartamudear. Y le dio un beso a la vampira
en la punta de la nariz.

Katya sintió que el corazón se le llenaba de campanas. Cogidos de las manos, los dos hicieron piruetas en el aire.

—A dormir. El sol está a punto de salir —advirtió mamá Larisa.

Cansados del trajín, todos se metieron en sus ataúdes. ¿Todos? No.

Tristán estaba concentrado en una importante tarea: teñirse el penacho de negro.
Así a Tormento no se le ocurriría raptarlo para añadir sus pelos blancos a un brebaje.
¡O eso esperaba él!

ACTIVIDADES

1) Vampirito está preparando su mochila para ir de excursión, pero le sobran cosas. Ayúdale a escoger lo que llevará, tachando los objetos que están repetidos. Los dos que no se repiten son los únicos que necesitará.

2) Después de un ataque de tos, la familia de esqueletos ha rodado por el suelo y todos han perdido varias partes de su estructura. Une cada esqueleto con las partes que le faltan.

RECETA

TOSTA DE GUSANOS BLANCOS, VERDES Y ROSADOS

Ingredientes (para 5 personas)

- 2 rebanadas de pan de molde
- 1/2 colita de rape de ración (para los gusanos blancos)
- De 8 a 10 gambas (para los gusanos rosados)
- 3 pepinillos pequeños (para los gusanos verdes)
- 2 cucharadas soperas de mayonesa
- 1 cucharada de postre de kétchup (o salsa de tomate)
- 1 chorrito de limón, aceite de oliva, sal y pimienta

Preparación
(siempre con la ayuda de un adulto)

1 Pela las gambas y sálalas. Corta el rape en pequeñas tiritas y échales sal y pimienta. No mezcles las gambas con el rape.

2 Echa un chorrito de aceite de oliva en una sartén pequeña. Saltea primero las gambas. Retíralas con una espumadera y, en el mismo aceite, fríe el rape. Tápalo todo bien para que no se enfríe.

3 Corta los pepinillos en dos, a lo largo.

4 En un tazón, mezcla la mayonesa, el kétchup y el chorrito de limón.

5 Tuesta el pan de molde. Extiende una capa de mayonesa con kétchup en cada tostada.

6 Coloca encima de cada una varios gusanos blancos (rape), 3 gusanos verdes (pepinillos) y 4 o 5 gusanos rosados (gambas). Sírvelo enseguida, mientras aún está caliente.

Toque adicional

Si quieres, puedes espolvorear las tostas con unas patitas de saltamontes verdes picadas (eneldo picado fresco o de frasco).

¡UN ESQUELETO!

¿Qué necesitas?
Una bolsa de basura, tiza, celo doble, pintura blanca, pincel, un par de guantes negros viejos, un par de calcetines negros, cartulina blanca, rotulador, lápiz, cinta elástica.

PASO 1

Coge la bolsa. Dibuja con tiza la forma de una camiseta que te quede bien. Recórtala y une los bordes con un poco de celo doble.

PASO 2

Dibuja un esqueleto: haz primero el esternón en el centro, y luego las costillas. ¡No olvides los huesos del brazo!

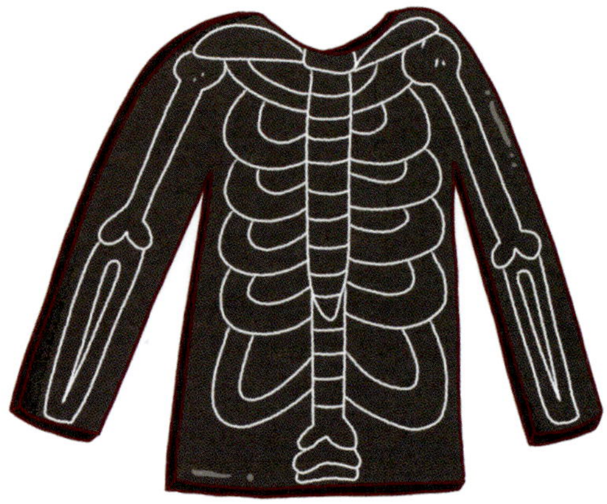

PASO 3

Pinta los huesos de la cadera (la pelvis) y los huesos de las piernas. Deja que se seque y luego pinta los huesos de la parte de atrás.

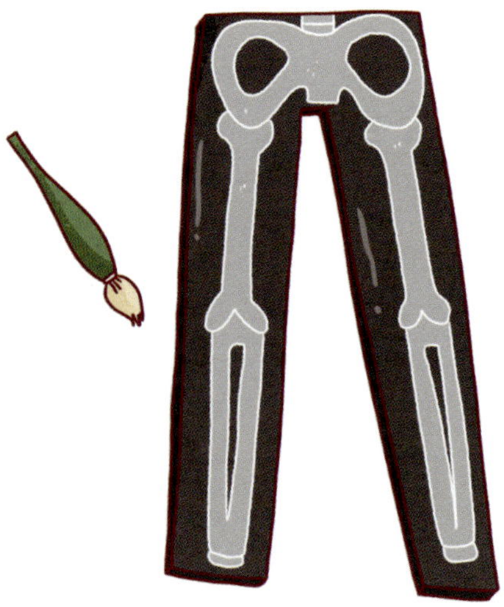

PASO 4

Coge los guantes. Pinta los huesos de la muñeca y los de los dedos. Espera a que se seque.

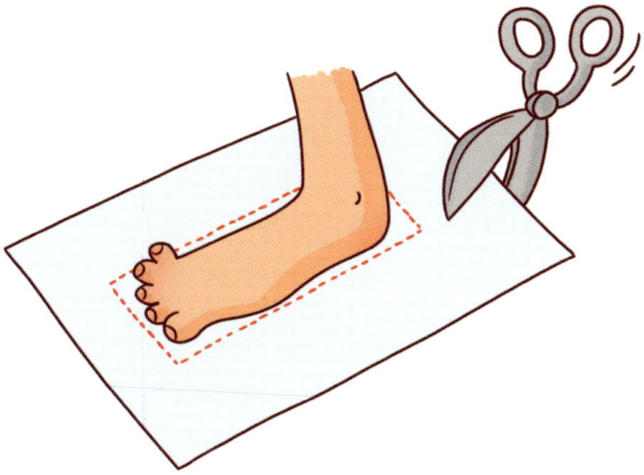

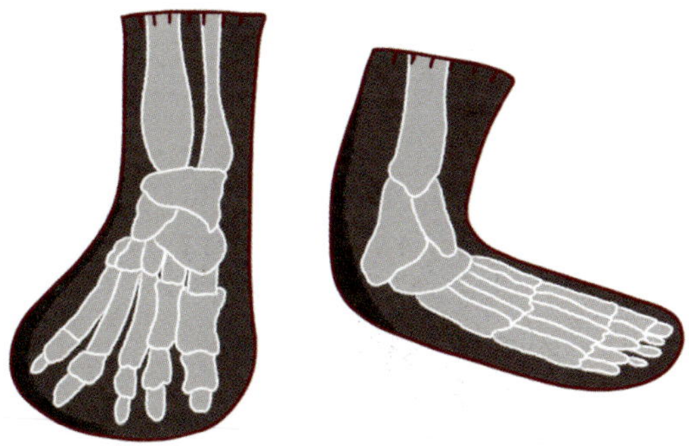

PASO 5

Recorta un trozo de cartulina del tamaño de tu pie y mételo en el calcetín para que puedas pintar más fácilmente sobre él.

PASO 6

Pinta en los calcetines los huesos del tobillo, los dedos y las piernas. Espera a que se seque y retira la cartulina.

PASO 7

Dibuja una calavera de unos 25 cm × 16 cm. Ponle ojos, nariz y dientes. Recorta la máscara y haz los agujeros de los ojos. Y luego recorta la forma de nariz y dientes.

PASO 8

Pinta la calavera de blanco. Una vez seca, haz las líneas negras alrededor de la boca, la nariz y los ojos. Haz dos agujeritos a cada lado de la máscara, introduce la goma elástica por ellos y anúdala.

¡No olvides ponerte una camiseta negra debajo del disfraz! Serás el esqueleto más terrorífico de la fiesta.

LA FIESTA DE HALLOWEEN

CARMEN GIL

La brujita Mari Flora
tiene un genio tremebundo,
y lleva un mes y una hora
hechizando a todo el mundo.

A un murciélago ha embrujado.
¡Está el pobre turulato!
Vuela hacia atrás, o de lado,
y se choca todo el rato.

Un esqueleto muy serio,
que Flora hechizó deprisa,
vaga por el cementerio
con un ataque de risa.

Vio a un hombre lobo anteanoche
que estaba haciendo autoestop.
Ya no aúlla a troche y moche.
Lo encantó y canta hip-hop.

Al fantasma Fantasmón
embrujó ayer a las cinco.
Ahora estornuda un montón,
y al estornudar da un brinco.

Con magia y hechicería,
a un dragón, en el camino,
lo hechizó Flora un buen día
y pasea haciendo el pino.

A la momia dio un brebaje
el viernes por la mañana.
Desde entonces luce un traje
de venda verde manzana.

La bruja, de madrugada,
bajo la luz de la luna,
va mustia, malhumorada
y más sola que la una.

Los monstruos de la comarca
convocan una asamblea
justo al lado de la charca:
¡tanto hechizo los marea!

Asisten a la una en punto
hasta gusanos y ratas
para tratar el asunto
de la bruja metepatas.

Un pájaro negro pía:
"Esta bruja tan molesta
necesita compañía.
¡Preparémosle una fiesta!".

"Como es Halloween mañana,
haremos una verbena"
apunta el príncipe rana.
"Será un guateque con cena".

Con tarta de algas podridas,
agua de pantano infecto
y golosinas manidas,
dan un convite perfecto.

Lleva a Flora Fantasmón
un regalo sorprendente:
un gato lila y molón
con un lunar en la frente.

Lleva en el cuello una nota:
"Yo soy el gato Tunante,
y voy a ser tu mascota
desde ahora en adelante".

A Flora, de la emoción,
al ver al gato morado,
se le escapa un lagrimón
y se le pasa el enfado.

Y, sin que nadie la vea,
da un achuchón a Tunante,
que maúlla, ronronea
y la quiere en un instante.

Flora coge su varita,
pronuncia un encantamiento,
la mueve mucho y la agita
hasta quedar sin aliento.

Aparece entre las flores
una fantasmal orquesta.
Da aullidos aterradores
y alegra pronto la fiesta.

Todos bailan al compás
meneando el esqueleto
por delante y por detrás.
¡Ni un monstruo se queda quieto!

La bruja baila con brío,
aunque un zapato le aprieta,
porque es, sin decir ni pío,
¡la más feliz del planeta!

ACTIVIDADES

1) La bruja Mari Flora tiene que asistir a la Gran Reunión Anual de las Brujas en Acción, pero ha perdido su escoba. Dibuja el camino que debe seguir para recuperarla.

2) Cuántos años tiene Soplo, el fantasmita de Casinada?

BATIDO DE SANGRE SEMICOAGULALADA CON PIS DE GATO

Ingredientes (para 5 personas)

- 16 fresones (para la sangre)
- 1 plátano (para coagular la sangre)
- 1/2 brik pequeño de zumo de piña (para el pis concentrado)
- 1 cucharada sopera de azúcar

Preparación (siempre con la ayuda de un adulto)

1 Quita los rabos verdes de los fresones con un cuchillo de punta redondeada.

2 Lava los fresones y córtalos en trozos para que se trituren mejor.

3 Pela el plátano y córtalo en rodajas.

4 Echa la fruta en el recipiente de la batidora. Añade el azúcar y tritura hasta que la mezcla quede bien cremosa.

5 Añade el zumo de piña y vuelve a batir.

6 Vierte la sangre semicoagulada con pis de gato en copas altas de cristal o en vasos de tubo.

7 Mete las copas o los vasos en la nevera para degustar la sangre bien fresquita.

Variante:

Si quieres que la sangre coagulada sea más oscura, sustituye una parte de los fresones por frutas del bosque. Fuera de temporada, las puedes comprar congeladas.

¡EL DISFRAZ DE LA BRUJA MARIFLORA!

¿Qué necesitas?
Cartulina negra, regla, tiza blanca, tijeras, cinta de medir, cola, lana, pegatinas con forma de estrella o calaveras, una camiseta negra muy grande, papel o periódicos, alfileres, aguja e hilo.

PASO 1

Primero haz el sombrero.
Dibuja en la cartulina un cuarto de círculo. Cada lado debe tener 38 cm de largo. Luego, en la parte redondeada, corta lengüetas como ves en el dibujo.

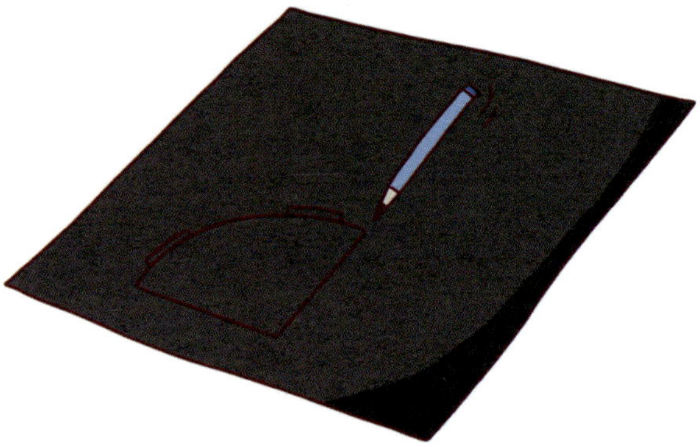

PASO 2

Dibuja un círculo de 35 cm de diámetro para hacer la base del sombrero. Luego dibuja una forma ovalada en el centro, pero calcula que te quepa la cabeza. Recorta.

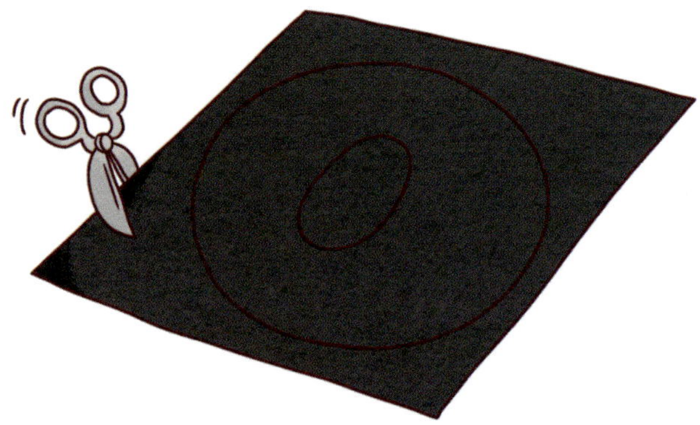

PASO 3

Coge la cartulina que cortaste y preparaste en el paso 1.
Une sus extremos y sujétalos con celo.
Luego abre las lengüetas y pégalas con cola al óvalo de la base de cartulina.

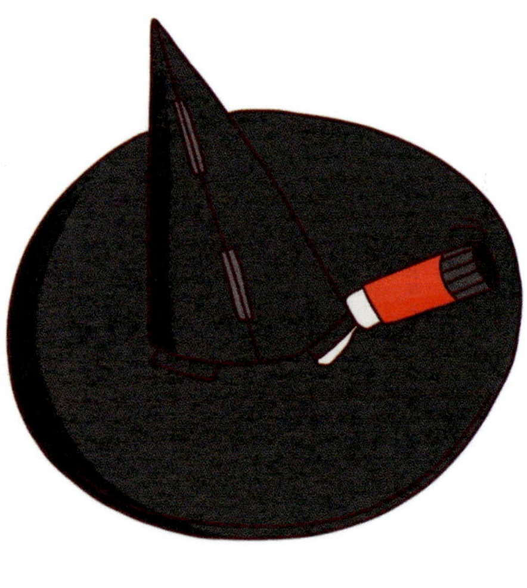

PASO 4

Recorta tiras de lana y pégalas por dentro en la parte trasera del sombrero. Coloca las pegatinas a tu gusto.

PASO 5

Coge un vestido que te quede bien y colócalo sobre el papel. Copia el contorno y recorta la silueta dibujada. Dale la vuelta a la camiseta negra (déjala del revés). Coloca encima el patrón y sujétalo con alfileres. Debes hacer coincidir el cuello del patrón con el de la camiseta.

PASO 6

Dibuja con tiza el contorno del patrón sobre la camiseta negra. Quita los alfileres y el patrón. Pon alfileres en la silueta y corta la camiseta por las líneas marcadas.

PASO 7

Con aguja e hilo, cose los bordes del vestido y las mangas.

PASO 8

Una vez cosida, dale la vuelta a la camiseta y haz cortes en el borde como en el dibujo. ¡Y ya tienes el disfraz terminado!

Coge una escoba vieja, ponte unas medias de colorines, una nariz de broma… ¡y no te pierdas la fiesta de Halloween!

UNA MUDANZA DE MIEDO

ANNA CABEZA

1 Todo empezó con un alarido.
—¡Ahhhhh!
—Papá, ¿por qué gritas? —dije.
La razón de su berrido
estaba ahí,
en forma de letrero.

¡Nos quedábamos sin nuestro caserón!
Íbamos a ser desalojados por decisión del malhumorado propietario.

—¿Cómo vamos a contárselo al abuelo? —suspiró mamá.

—¿Dónde vamos a vivir? —añadió mi padre.

Mi padre acababa de preguntarse dónde íbamos a "vivir". Pero... ¡si somos una familia de fantasmas! ¡Ya no estamos vivos! La cuestión debería ser, tal vez, dónde vamos a pasar el resto de la eternidad.

Porque los fantasmas, que estamos un poco entre este y el otro mundo, también necesitamos un techo que nos cobije.

"¡Encontraremos una solución!", pensé.
Y es que yo soy muy optimista. Y también, un poco despistado. ¡Que no me he presentado! Me llamo Duende y soy un niño de 160 años. ¿Os sorprende? Debo deciros que 160 años de edad fantasma equivalen a unos ocho años de edad humana.
Y esta es mi familia: el abuelo Fantusalén; mis padres don Soplo y doña Brisa, y Pluma, que es mi hermana gemela.

Estamos instalados en Casinada
desde hace muchos siglos. Nuestra familia
puede decir, muy orgullosa, que ha atemorizado
a varias generaciones de humanos.
Pero ahora estábamos en serios problemas.
Así que, en plena noche, nos lanzamos
a buscar un nuevo hogar.

Íbamos recorriendo un vecindario de las afueras, cuando mi madre se detuvo ante una casona destartalada y exclamó:

—¡Seguro que está llena de telarañas, de ratones y de murciélagos! Una maravilla. ¡Me encanta! Nos la quedamos.

Y ahí empezaron los problemas de verdad.

2 —¿Qué hacen ustedes aquí?
Una silueta apareció en lo alto de la escalera.
O ese hombre era un vampiro, o el suyo era
el mejor disfraz de Halloween que he visto nunca.
—Soy el conde Sanguino y este es mi hogar.
¿Se puede saber qué hace una familia
de fantasmas entrando sin pedir permiso?

—¡Ya nos vamos! Disculpe las molestias —respondió mi padre, avergonzado. Y nos indicó que saliéramos por el hueco de un cristal roto, del que todavía guardo un recuerdo en mi sábana.

Entonces tuvimos que seguir con la búsqueda. Y después de un par de horas deambulando, apareció un nuevo letrero que nos pareció interesante.

Al verla nos pareció perfecta.
Nos colamos por las rendijas
de las ventanas y admiramos
su techo decorado con murciélagos.
—¿Se puede saber qué hacen ustedes aquí?
Esta casa es nuestra. ¡Acabamos
de instalarnos!
Un ejército amenazante de tibias,
peronés, clavículas, húmeros, cráneos
y esternones se plantó delante de nosotros.

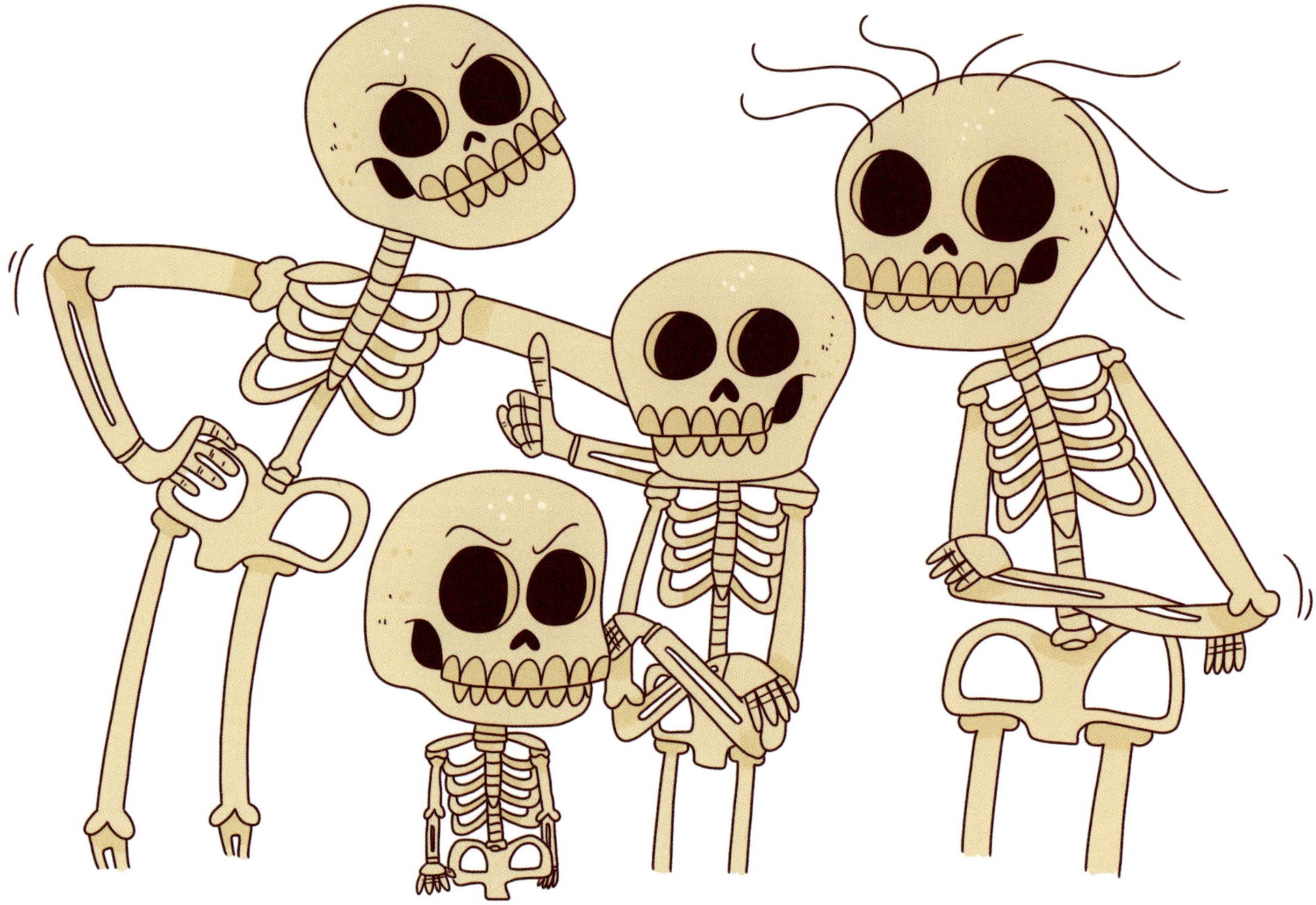

—¡Oh, no! ¡La familia Esqueleto! —exclamó mamá muy nerviosa. Y así tuvimos que seguir buscando, porque todas las casas bonitas estaban ocupadas. Hasta que dimos con un nuevo letrero:

Y ahí que fuimos, subiendo una cuesta infernal rodeada de precipicios.

La luna apartó los dos nubarrones despistados que justo pasaban por allí y pudimos contemplar el castillo en ruinas. ¡Una maravilla!

—¡A la tercera va la vencida! —dije yo, intentando levantar los ánimos de todos.

Pero, de pronto, el castillo se esfumó.

¿Qué estaba pasando?

3 Una risa extraña nos sacó de dudas.

—¡Ji, ji, ji, jua, jua, jua, ju, ju ju!

¡La bruja del castillo se estaba mofando de nosotros! Montada en su escoba destartalada, estaba sufriendo un ataque de risa.

—¡Ahora está! ¡Ahora no está! ¡Ji, ji, ji, ji, ji, ji!

Sentada sobre una roca, hacía aparecer
y desaparecer el castillo a su antojo.
De su vieja varita mágica saltaban chispas.
Y mientras tanto, mis padres le pedían
que nos dejara el castillo y le ofrecían a cambio
una sala para sus consultas.

Pero cuando casi la habíamos convencido y estaba a punto de aceptar el trato, sucedió lo inevitable. Después de un ruidoso ¡plop! que hizo desaparecer el castillo, la varita se partió en dos.

—Lo siento. ¡Jooooo! Tendré que llevarla a reparar. ¡Y vosotros os quedáis sin castillo!

¡Qué mala suerte! Después de tanto andar,
no habíamos encontrado casa.
Entonces, mi madre tomó una decisión:
—Vamos a alquilar un piso en la ciudad.
¡En marcha!

Y así llegamos a la calle de la Estrella, número 101, cuarto piso, primera puerta. No había ninguna chimenea vieja por donde escaparse, ni ningún arcón donde esconderse, ni siquiera encontramos una triste telaraña... Pero era un hogar. Y entonces nos instalamos.

Cuando ya llevábamos un par de días viviendo allí, mientras Pluma y yo jugábamos al escondite en la escalera, oímos unas voces y unas risas. ¡Eran un niño y una niña! Y parecían muy simpáticos.

¿Cómo sería jugar con humanos?

¿Y si les decíamos algo? Nuestros padres nos lo tenían prohibido, pero...

—¡Oooooohhhhh! ¡Dos fantasmas! —gritó ella.

—¡Qué miedo! —dijo él con voz temblorosa.

Primero se asustaron mucho, pero poco a poco se fueron acercando, y en dos minutos ya estábamos hablando como si nos conociéramos de toda la vida.

—Podéis venir a jugar con nosotros siempre que queráis —dijo la niña, que se llamaba Ana.

A pesar de lo contentos que estábamos
con nuestras nuevas amistades,
mi hermana y yo seguíamos preocupados
por nuestros padres y el abuelo, porque
se los veía cada vez más tristes y desganados.

4 Los fantasmas tenemos una misión muy importante, que es la de asustar a la gente. ¡Y en el bloque de pisos no se asustaba nadie! Roque y Ana nos echaron una mano.

—Se nos ha ocurrido una idea genial —dijo Roque una tarde.

—Esta noche celebramos Halloween en el vestíbulo —nos contó Ana.

—Vamos a pedirles a todos los vecinos del edificio que, cuando vean entrar a un grupo de personas disfrazadas de fantasmas, griten muy fuerte. ¡Será parte de la fiesta! —añadió Roque.

Y a nosotros nos pareció una idea estupenda.
Aquella misma noche, cuando Roque y Ana nos dieron la señal convenida, conseguimos que mis padres y mi abuelo atravesaran el vestíbulo arrastrando sus cadenas y aullando lastimeramente.

¡Y funcionó! Algunos vecinos gritaron, otros se desmayaron, hubo quien salió corriendo y no volvió hasta la semana siguiente.

—¡Oh, no! ¡Fantasmas en el edificio! ¡Socorro! ¡Que alguien nos ayude!

Mi abuelo no cabía en sí de gozo, mi madre bailaba feliz, mi padre reía sin parar. ¡Sus "vidas" de fantasma volvían a tener sentido!

Unos días más tarde, volvimos a tener
noticias de un personaje del pasado:
don Edelmiro Protestón.
Había mandado un mensaje al teléfono
de mi padre. Y decía lo siguiente:

"No voy a derribar el caserón. Me quedaré a vivir en él. Os aviso por si todavía no habéis recogido vuestras pertenencias". Desde ese momento, una idea empezó a dar vueltas por mi cabeza. ¿Y si volviéramos...?

El señor Protestón se instaló definitivamente. Y lo sabemos porque nos mandaba fotos que se sacaba él mismo en los espejos rotos de los pasillos. Sin embargo, según los mensajes que mandaba, al caserón le faltaba algo.

El silencio era aplastante, y tanta tranquilidad
lo aburría.

Tal vez por eso, una madrugada en la que papá
se estaba alisando la sábana y mamá nos leía
"Cuentos de terror de todos los continentes",
llegó un nuevo mensaje.

Era un puesto que solo nosotros podíamos ocupar.
Así regresamos a nuestro antiguo hogar.
Y aunque dejamos de vivir en el bloque de pisos,
seguimos siendo amigos de Ana y Roque.

Con sus fantasmas de toda la vida, Casinada volvía a ser un lugar siniestro, un paraíso del miedo. Y, para celebrarlo, con don Edelmiro preparamos una gran fiesta. Lo pasamos de miedo y bailamos hasta que las sábanas se nos cayeron.

Si alguna vez pasáis cerca del caserón
de Casinada, no olvidéis hacernos una visita.
Si no os importa, asustaos un poquito, por favor.
Si oís que se arrastran cadenas, que se cierran
y abren puertas y que se mueven objetos,
tened un poco de miedo y simulad que tembláis
como un flan.

Y, sobre todo, no olvidéis gritar mucho
cuando escuchéis nuestros terribles aullidos.
—¡UUUUUUHHHHH!

ÍNDICE

SOLUCIONES

Página 42

1)

2)

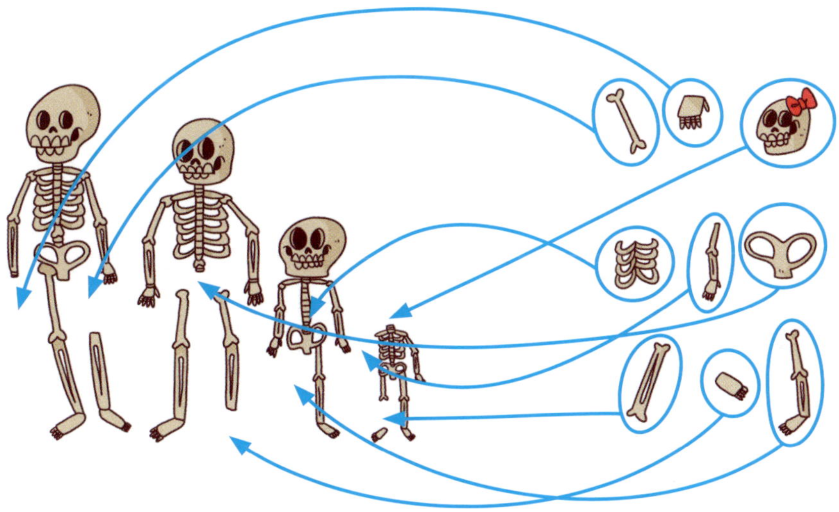

Página 70

1)

2) Soplo, el fantasmita de Casinada, tiene **160 años**.